AF205559

Impressum
Verlag: BABADADA GmbH, Nedderfeld 112 , 22529 Hamburg
Geschäftsführer / Verlagsleitung: Harald Hof
Druck: Books on Demand GmbH, In de Tarpen 42, 22848 Norderstedt

Imprint
Publisher: BABADADA GmbH, Nedderfeld 112 , 22529 Hamburg, Germany
Managing Director / Publishing direction: Harald Hof
Print: Books on Demand GmbH, In de Tarpen 42, 22848 Norderstedt, Germany

قوتابخانە

школа

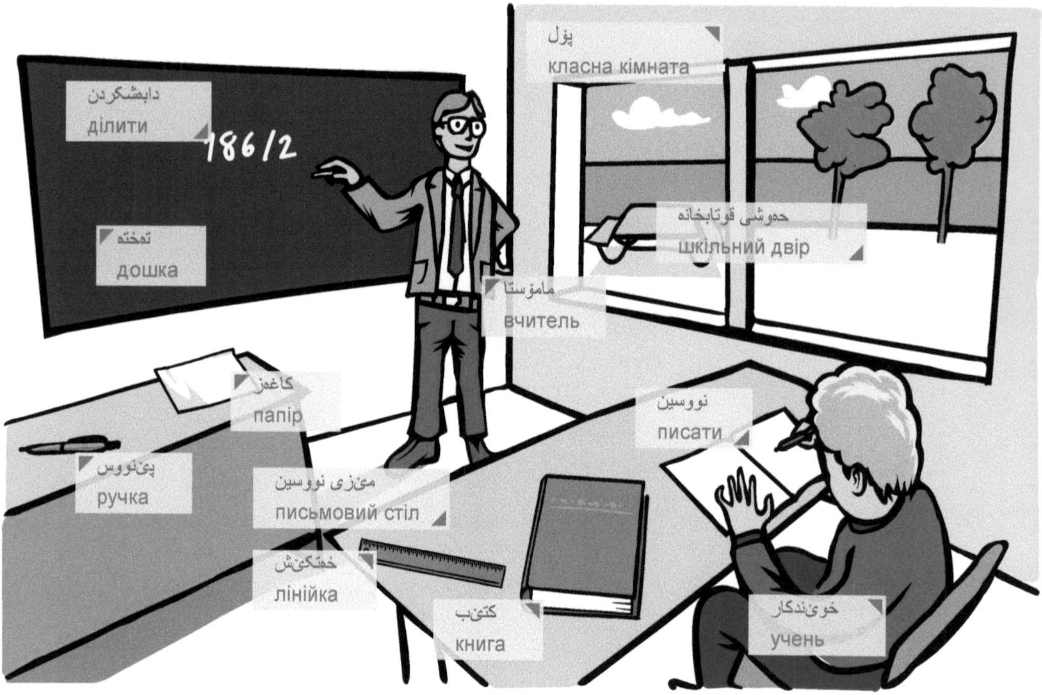

پۆل
класна кімната
دابەشکردن
ділити
186/2
تەختە
дошка
حەوشی قوتابخانە
шкільний двір
مامۆستا
вчитель
کاغەز
папір
نووسین
писати
پێنووس
ручка
مێزی نووسین
письмовий стіл
خەتکێش
лінійка
کتێب
книга
خوێندکار
учень

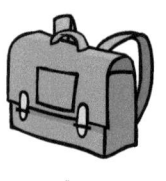

چەواڵ
....
ранець

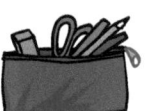

جانتای پێنووس
....
пенал

پێنووس
....
олівець

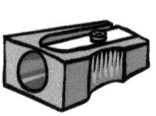

تیژکەرەوەی پێنووس
....
точило

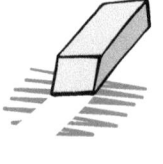

ڕەشکەرەوە
....
гумка

پەڕی نیگارکێشان
....
альбом для малювання

نیگارکێشان

малюнок

فڵچەی ڕەنگ

пензель

قوتووی ڕەنگ

коробка фарб

مەقەست

ножиці

چەسپ، كەمتيرە

клей

كتێبی ڕاهێنان

зошит

كاری ماڵەوە

домашнє завдання

ژماره

число

زیادمكردن

додавати

كەمكردن

віднімати

لێكدان

множити

حسابكردن، ژماردن

рахувати

پیت

літера

ئەلفوبێ

абетка

وشە

слово

قەد، واوسرۆن

текст

خوێندنەوە

читати

دمگ

крейда

سەرد، خول

година

تۆماركردن

класний журнал

خوێندنەوەكردنتاقي، ئەزموون

екзамен

بروانامە

диплом

جلى قوتابخانە

шкільна форма

پەروەردە

освіта

زانياری نامە

лексикон

زانكۆ

університет

ميكرۆسكۆپ

мікроскоп

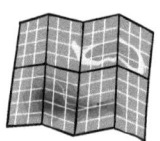

نەخشە، خەريتە

карта

سەبەتەى كاغەز

кошик для паперу

подорож

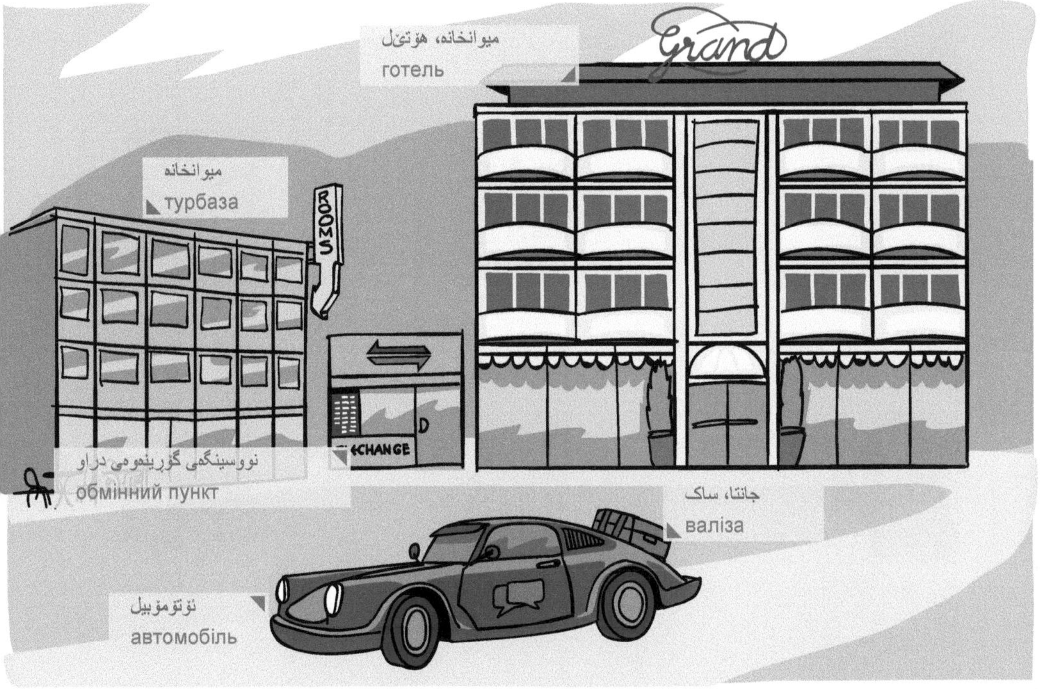
میوانخانە، هۆتێل
готель
Grand
میوانخانە
турбаза
ROOMS
نووسینگەی گۆڕینەوەی دراو
обмінний пункт
جانتا، ساک
валіза
ئۆتۆمۆبیل
автомобіль

زمان

мова

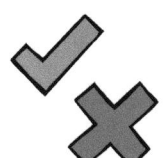

بەڵێ / نەخێر

так / ні

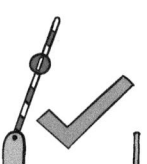

باشە

добре

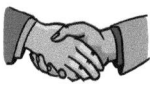

سڵاو

привіт

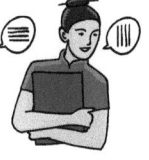

وەرگێڕی دەق

перекладач

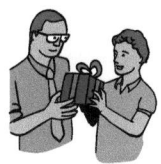

سپاس

дякую

به‌چه‌نده‌ ...؟

Скільки коштує ...?

من تێناگه‌م

Я не розумію

کێشه

проблема

ئێواره‌ باش!

Добрий вечір!

به‌یانی باش!

Доброго ранку!

شه‌و باش!

На добраніч!

ماڵئاوا، به‌خوێرچی

До побачення

ئاراسته‌، ڕێڕه‌و

напрямок

جانتا

багаж

جانتا

сумка

کۆڵه‌پشتی

рюкзак

میوان

гість

ژوور، دیو

кімната

کیسه‌خه‌و

спальний мішок

چادر، ده‌وار

намет

زانیاری بۆ گەشتیار

туристична інформація

کەناراو

пляж

کارتی قەرز

кредитна картка

نانی بەیانی

сніданок

نانی نیوەڕۆ

обід

نانی شەو

вечеря

بلیت

квиток

ئاسانسۆر

ліфт

پوول، تەمبر

поштова марка

سنوور

межа

گومرک

митниця

بالوێزخانە

посольство

ڤیزا

віза

پاسەپۆرت

паспорт

گواستنەوە

транспорт

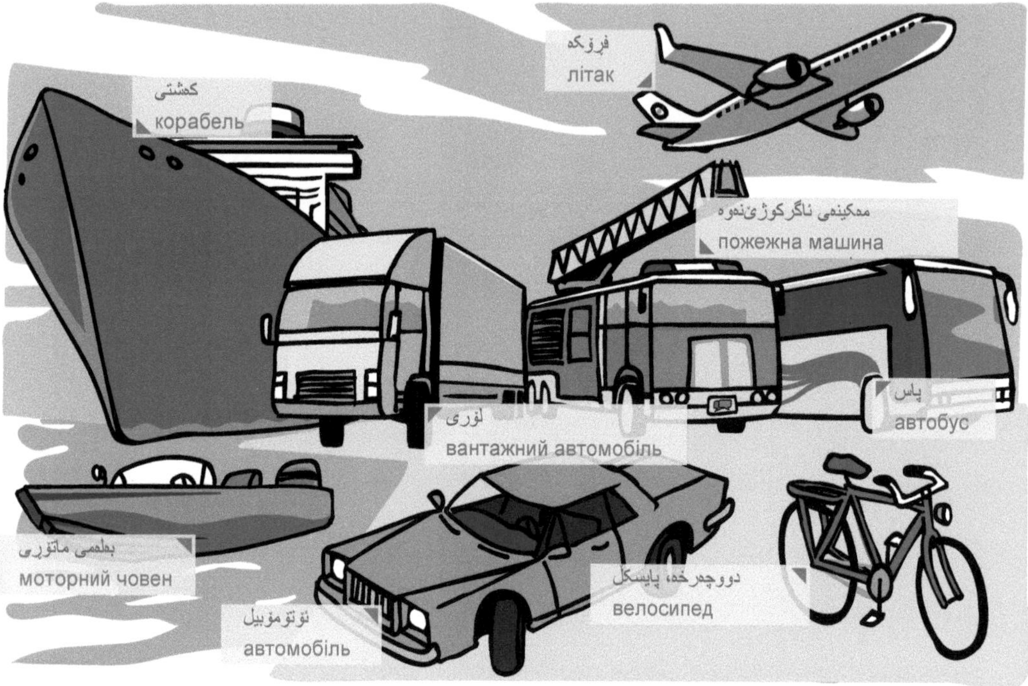

کەشتی
корабель
فڕۆکە
літак
مەکینەی ئاگرکوژێنەوە
пожежна машина
پاس
автобус
لۆری
вантажний автомобіль
بەلەمی ماتۆڕی
моторний човен
ئۆتۆمۆبیل
автомобіль
دووچەرخە، پایسکل
велосипед

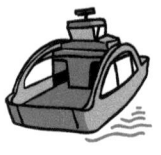

کەشتی گواستنەوە

пором

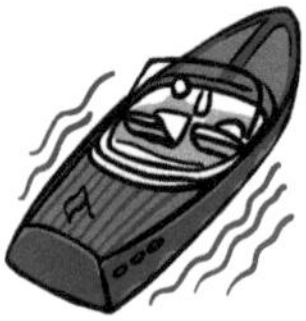

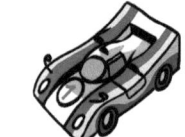

بەلەمی ماتۆڕی

човен

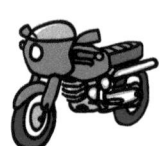

ماتۆڕ

мотоцикл

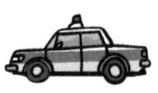

ئوتومبێلی پۆلیس

поліцейська машина

ئوتومبێلی پێشبڕکێ

гоночний автомобіль

ئۆتۆمۆبیلی کرێ

автомобіль на прокат

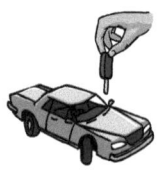

نۆرتۆمۆبیل ھاوبەشکردن

спільне користування авто

لۆری ڕاکێشکردن

евакуатор

لۆری زبڵ

сміттєвоз

ماتۆر

двигун

سووتەمەنی

паливо

وێستگەی بەنزین

автозаправна станція

تابلۆی ھاتووچۆ

дорожній знак

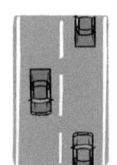

ھاتووچۆ

рух

ترافیک

затор

شوێنی ڕاگرتنی ئۆتۆمۆبیل

стоянка

وێستگەی شەمەندەفەر

вокзал

ھێڵی ئاسن

рейки

شەمەندەفەر

потяг

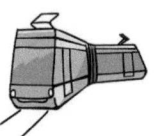

قەتاری سەرشەقام

трамвай

داشقە

вагон

هيليكوپتر

گەلىكوپتەر

فرۆكەمخانە

аеропорт

بورج

вежа

نەفەر

пасажир

دەفتر، كانتينەر

контейнер

كارتون

коробка

داشقە

візок

سەوەتە

кошик

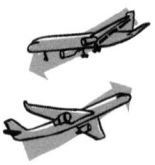

هەڵفرین / نیشتن

стартувати / приземлятися

місто

گوند، دێهات

село

ناوەندی شار

центр міста

ماڵ، خانوو

дім

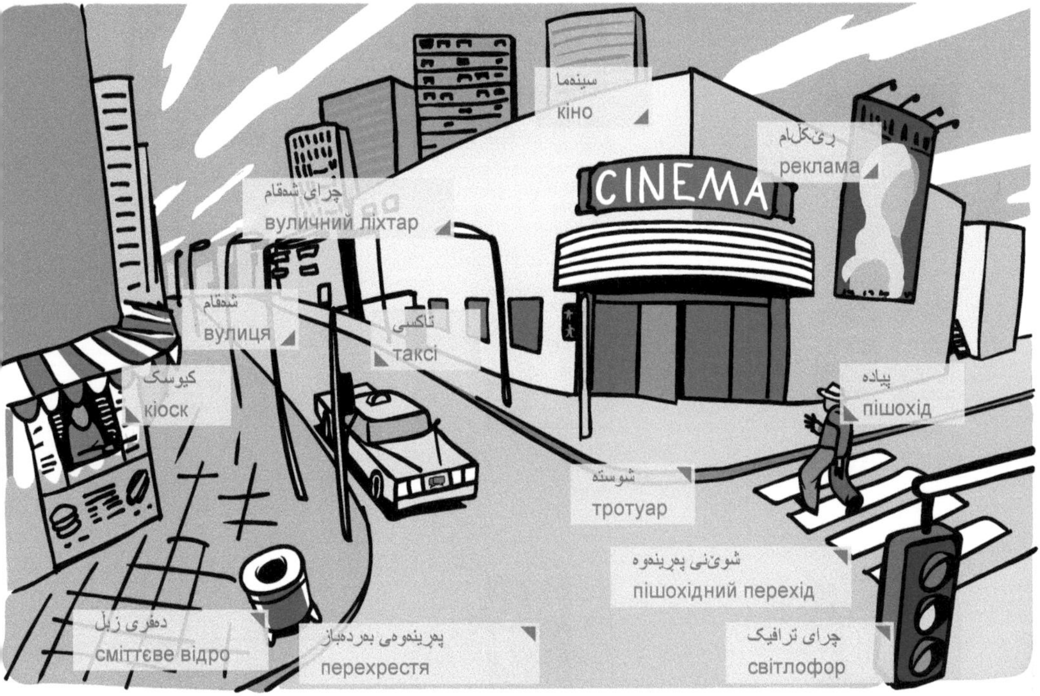

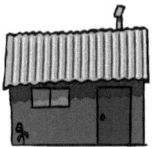

CINEMA
سینەما
кіно
ڕێکلام
реклама
چرای شەقام
вуличний ліхтар
شەقام
вулиця
تاکسی
таксі
کیوسک
кіоск
پیادە
пішохід
شوستە
тротуар
شوێنی پەڕینەوە
пішохідний перехід
دەفری زبڵ
сміттєве відро
پەڕینەوەی بەردەباز
перехрестя
چرای ترافیک
світлофор

خانووچکە

хатина

نهۆم، باڵەخانە

квартира

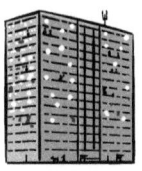

وێستگەی شەمەندەفەر

вокзал

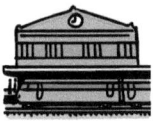

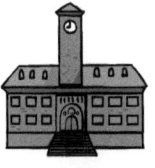

کۆشکی شارەوانی

ратуша

MUSEUM

مۆزەخانە

музей

قوتابخانە

школа

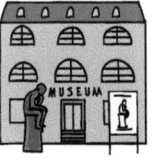

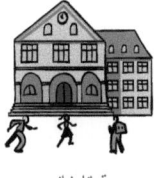

زانكۆ

університет

بانک

банк

نەخۆشخانە، خەستەخانە

лікарня

میوانخانە، هۆتێل

готель

دەرمانخانە

аптека

نووسینگە، فەرمانگە

офіс

کتێبفرۆشی

книжковий магазин

دووکان

магазин

گوڵفرۆشی

квітковий магазин

سوپەرمارکێت

супермаркет

بازار

ринок

فرۆشگا

універмаг

ماسیفرۆش

торговець рибою

ناوەندی کڕین

торговельний центр

بەندەر

гавань

پارک

парк

کورسی درێژ

лава

پرد

міст

پێ پیلکان

сходи

ژێرزەمی

метро

تۆنێل

тунель

وێستگەی پاس

автобусна зупинка

مەیخانە

бар

رێستۆرانت

ресторан

سندووقی پۆست

поштова скринька

تابلۆی شەقام

вулична табличка

پێوەری پارکینگ

лічильник паркування

باخچەی ئاژەڵان

зоопарк

حەوزی مەلە

басейн

مزگەوت

мечеть

مەزرا
ферма

پیسبوونی ژینگە
забруднення
навколишнього
середовища

قەبرستان، گۆرستان
кладовище

کەنیسە
церква

شوێنی یاری
дитячий майданчик

پەرستگا
храм

ландшафт

گەڵا
листок

تابلۆی ڕێنیشاندەر
вказівний стовп

ڕێگا
шлях

مەڕگە
луг

بەرد
камінь

دار
дерево

شاخەوان
мандрівник

ڕووبار، چەم
річка

گژوگیا
трава

گوڵ
квітка

دۆل، شيو

долина

بەرزايى

гора

دەرياچە

озеро

دارستان

ліс

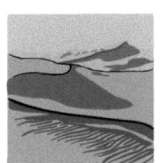

چۆلەوار

пустеля

بوركان

вулкан

قەلْا

замок

كۆلكەزىرينە

веселка

كارگ

гриб

دارخورما

пальма

مێشووولە

комар

مێشووولە

муха

مێروولە

мурашка

مێش هەنگوين

бджола

جالْجالْووكە

павук

قالۇنچە

жук

بۇق

жаба

سمۆرە

вивірка

ژىشك

їжак

كەروۋشكە كئۆى

заєць

كوند

сова

بألھندە

птах

قازى سپى

лебідь

بەرازى كئۆى

кабан

ناسك

олень

بزنە كئۆى

лось

بەندۋ

гребля

تۆربىنى با

вітряк

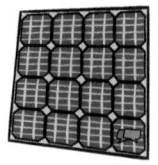

پەرمى خۆرى

сонячний модуль

ناووھەۋ

клімат

خزمەتكار
офіціант

لیستە، پۆرست
меню

کورسی
стілець

سووپ، شۆرباو
суп

پیتزا
піца

جمقۆ و چمتال
столові прилади

سفرە
скатертина

خواردنی دەستپێک
закуска

خواردنی سەرمكی
друга страва

دێسێر
десерт

خواردنەوە
напої

خواردن
їжа

بوتڵ
пляшка

خواردنی خێرا

фаст-фуд

خواردنی سەرشەقام

вулична їжа

قۆری

чайник

قوتووی شەکر

цукорниця

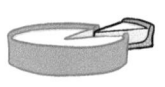

بەش

порція

ئامێری سازکردنی قاوەی ئێسپرەسۆ

еспресо-машина

کورسی بەرز

високий стільчик

تۆچوو

рахунок

کەشمف

піднос

چەقۆ

ніж

چنگاڵ

вилка

کەوچک

ложка

کەوچکی چا

чайна ложка

دەسماڵ

серветка

لیوان، پەرداخ

склянка

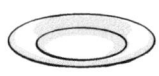

قاپ، دەورى، دەفر

тарілка

قاپى شۆرباو

тарілка для супу

ژێرپیاله

блюдце

سۆس

соус

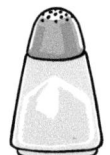

خوێندان

солонка

هارمرى بیبار

млин для перцю

سرکه

оцет

رۆن

масло

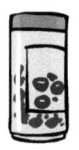

بهارات

спеції

دۆشاوى تەمات، سۆسى تەماتە

кетчуп

سۆسى موستارد

гірчиця

سۆسى مایۆنێز

майонез

супермаркет

داشکاندنی تایبەتی
пропозиція

مشتەری
клієнт

FOR

شیرەمەنی
молочні продукти

میوە
фрукти

داشقە
візок для покупок

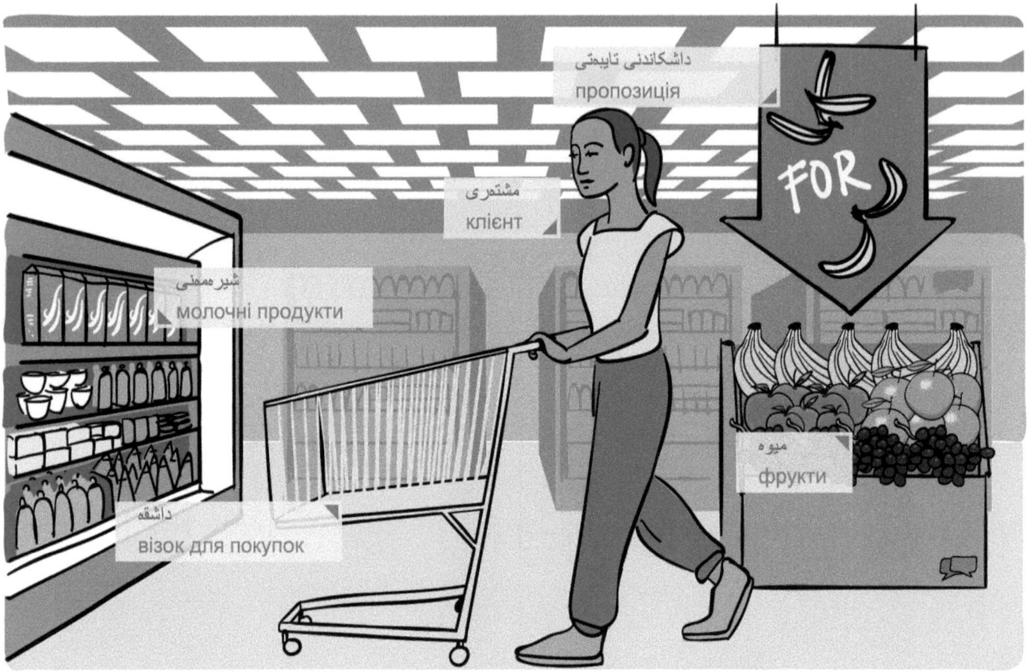

دووکانی قەسابی

м'ясний магазин

نانەواخانە

пекарня

كێشان

зважувати

سەوزی

овочі

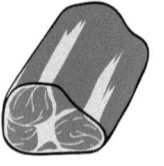

گۆشت

м'ясо

خواردنی بەستوو

заморожені продукти

گۆشتی سارد

ковбасна нарізка

خواردنی کۆنسێرو

консерви

دەرمانی بشۆر

пральний порошок

شیرینی

солодощі

بەرهەمی خزمەڵی

предмети домашнього побуту

بەرهەمی خاوێنکردنەوه

мийний засіб

فرۆشیار

продавщиця

ژمێرەر

каса

ژمێریار، خەزێندار

касир

لیستی کڕین

список покупок

کاتی دەوام

часи роботи

کیسەباخەڵ، جزدان

гаманець

کارتی قەرز

кредитна картка

تۆورمکە، کیسە

сумка

تۆورمکە

поліетиленовий пакет

ئاو

вода

شەربەت

сік

شیر

молоко

خەڵووز

кола

شەراب

вино

بیرە

пиво

ئەلکۆڵ

алкоголь

کاکاو

какао

چایی، چا

чай

قاوە

кава

قاوەی ئێسپرەسۆ

еспресо

کاپۆچینۆ

капучіно

مۆز

банан

سێو

яблуко

پرتەقاڵ

апельсин

کاڵەک

кавун

لیمۆ

лимон

گێزەر

морква

سیر

часник

حەیزەران

бамбук

پیاز

цибуля

کارگ

гриб

سەموونە، گوێز، ناوکە

горішки

نوودڵ

локшина

ماکارۆنی

спагеті

برینج

рис

زەڵاتە

салат

چپس

картопля фрі

پەتاتەی برژاو، پەتاتەی سوورۆکراو

смажена картопля

پیتزا

піца

هەمبرگەر

гамбургер

ساندویچ، دۆندرمە

бутерброд

پارچە گۆشت

шніцель

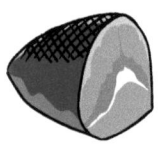

گۆشتی بەراز

шинка

گۆشتی بەراز

салямі

سۆسیس

ковбаса

مریشک

курка

برژاندن، نرژان

печеня

ماسی

риба

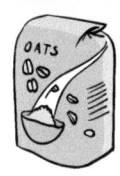

شۆرباوی ساوار

вівсяні пластівці

دانەوێڵەی تێنکەڵ

мюслі

دانەی دانەوێڵە

кукурудзяні пластівці

نارد

борошно

کرۆسانت، نانێکی فەرەنسی

круасан

نانی خر

булочка

نان

хліб

نانی برژاو

тостовий хліб

بسکیت

печиво

کەرە، رۆنی کەرە

масло

سەرەتوێژژ، توێژژ

сир

کەیک

пиріг

هێلکە

яйце

هێلکەی برژاو

яєчня

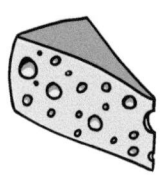

پەنیر

сир

بەستەنى، دۆندرمە

морозиво

شەكەر

цукор

هەنگۈين

мед

مرەبا

мармелад

خامى نۆگات

нуга-крем

بەھارات

карі

ферма

کۆخ (ماڵ لە مەزرا)
сільський будинок

کڵۆشی کا
солом'яні тюки

تەویلە
комора

مەزرا
поле

ئەسب
кінь

ماڵی سەفەری
причіп

تراکتۆر
трактор

جوانوو
лоша

کەر، گوێدرێژ
віслюк

بەرخ
ягня

مەڕ
вівця

بزن
....
коза

مانگا
....
корова

گوێنک
....
теля

بەراز
....
свиня

فەرخە بەراز
....
порося

جوانەگا
....
бик

قاز

гусак

مراوی

качка

جووچک

курча

مریشک

курка

کەڵەشێر

півень

جرج

щур

پشیله

кіт

مشک

миша

گا

віл

سە، سەگ

собака

کونه سە

собача будка

سۆندە

садовий шланг

تونگەی ناودان

лійка

مەڵەغان

коса

گاسن

плуг

داس

серп

مەرە

мотика

شمشنە

вила

تەور

сокира

عارەبانەی دەستیی

тачка

دەفری خواردنی ئاژەڵان

корито

دەفری شیر

бідон молока

تەلیس

мішок

پەرژین

паркан

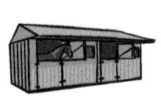

تەویلە

хлів

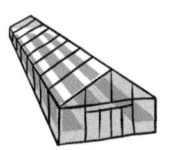

گوڵخانە

теплиця

خۆڵ

ґрунт

دەنک، نۆک

насіння

پەین

добриво

کۆمباین

комбайн

درویٌنهکردن

پوژیناتی

خهرمان

урожай

گهنم

пшениця

لووبیا، فاسۆلیا

соя

گهنمهشامی

кукурудза

جۆرێک دهخڵودان

ріпак

سێوبنهمهرزیله

маніок

دانهوێلهی تێنکهڵ

злаки

پهتاته

корінь ямсу

پهتاته

картопля

داری بهری

плодове дерево

مهزرا - ферма

ماڵ، خانوو

дім

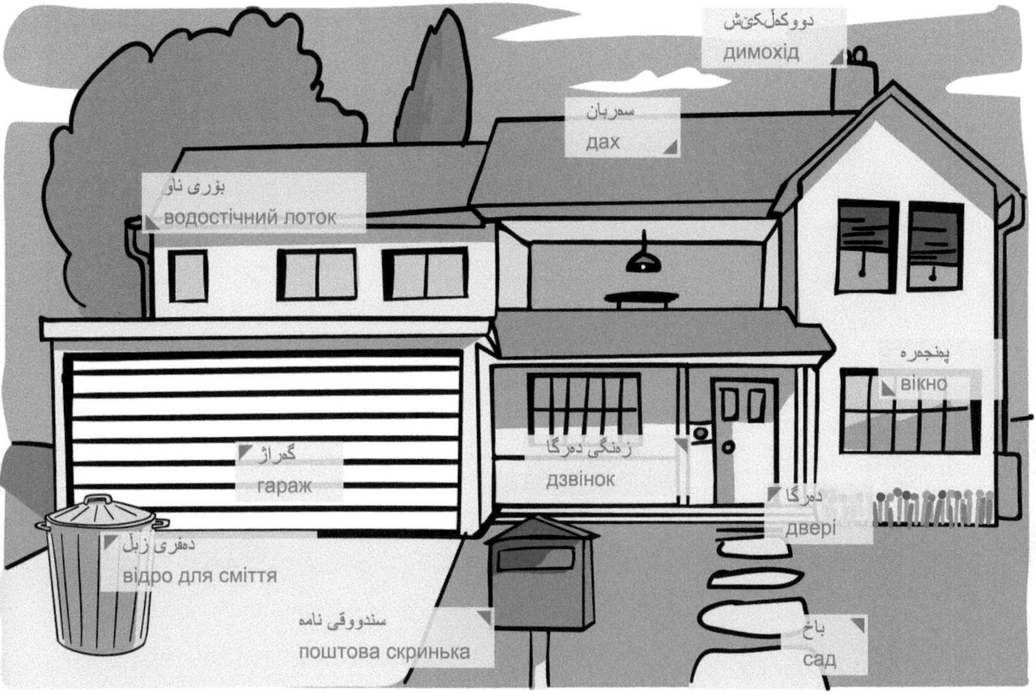
دووکەڵکێش
димохід
سەربان
дах
بۆری ئاو
водостічний лоток
پەنجەرە
вікно
گەراژ
гараж
زەنگی دەرگا
дзвінок
دەرگا
двері
دەفری زبل
відро для сміття
سندووقی نامە
поштова скринька
باخ
сад

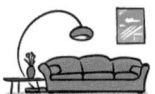

ژووری دانیشتن

вітальня

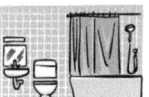

حەمام، ئاودەستخانە

ванна кімната

چێشتخانە

кухня

ژووری خەو

спальня

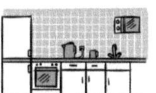

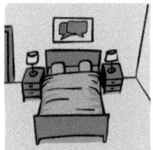

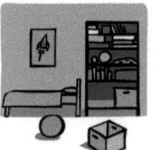

ژووری منداڵ

дитяча кімната

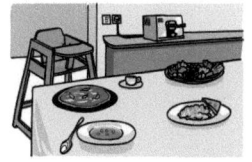

ژووری نانخوارن

їдальня

دالان، نعرز

підлога

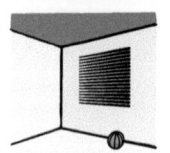

دیوار

стіна

بن میچ

стеля

ژیرزمین

підвал

ساونا

сауна

بالکون، هەیوان

балкон

هەیوان

тераса

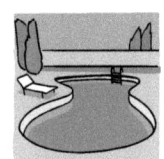

حەوز، مەلەوانگە

басейн

گژوگیابڕ

косарка

مەلافە

простирало

مەلافەی نوێن

ковдра

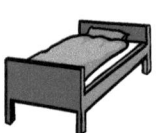

پێخەف، نوێن

ліжко

گسک

мітла

سەتڵ

відро

سویچ، کلیل

перемикач

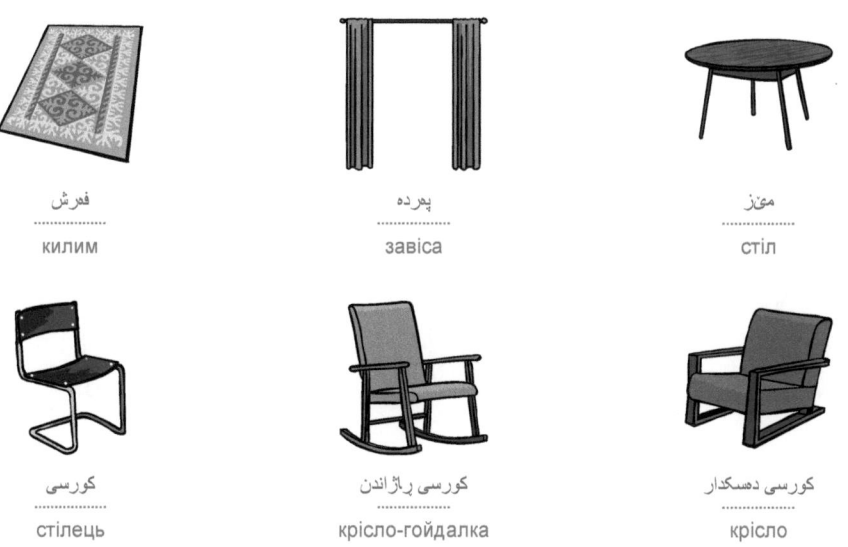

ژووری دانیشتن

вітальня

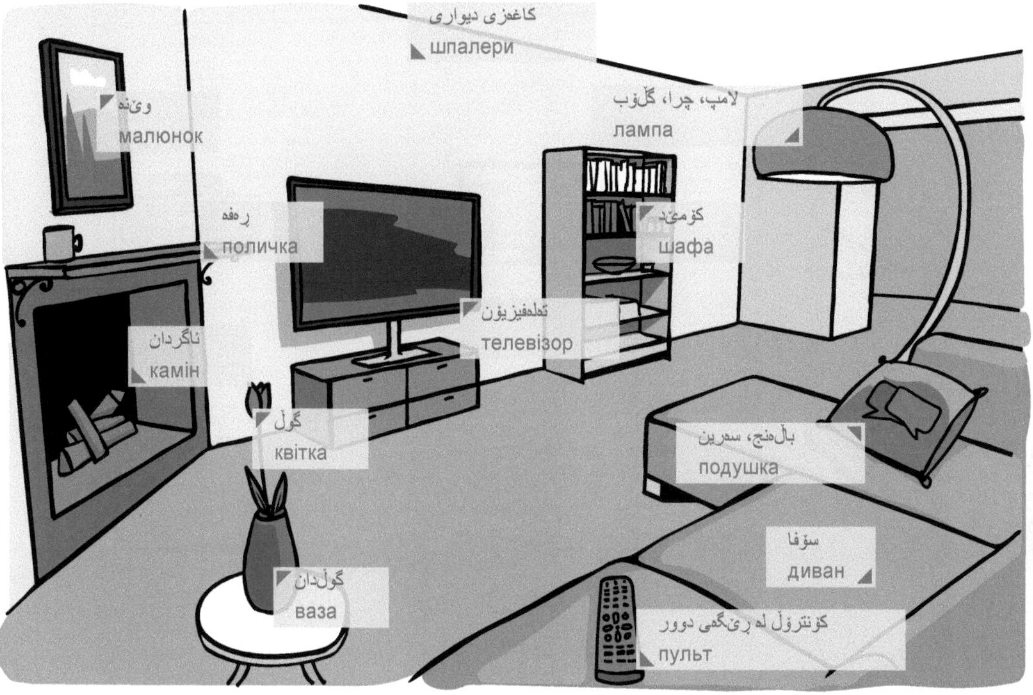

کاغەزی دیواری
шпалери
وێنە
малюнок
لامپ، چرا، گڵۆپ
лампа
ڕەفە
поличка
کۆمێد
шафа
تەلەفیزیۆن
телевізор
ئاگردان
камін
گوڵ
квітка
باڵەنج، سەرین
подушка
سۆفا
диван
گوڵدان
ваза
کۆنترۆڵ لە ڕێگەی دوور
пульт

فەرش

килим

پەردە

завіса

مێز

стіл

کورسی

стілець

کورسی ڕاژاندن

крісло-гойдалка

کورسی دەسکدار

крісло

كتێب

книга

پەتوو، بەتانی

ковдра

رازاندنەوە

прикраса

داری سووتاندن

дрова

فیلم

фільм

ستەریۆ

стереосистема

کلیل

ключ

رۆژنامە

газета

نیگار، نیگارکێشان

картина

پۆستەر

плакат

رادیۆ

радіо

تێبانووس

блокнот

گسکی کارەبایی

пилосос

کاکتووس

кактус

مۆم

свічка

چێشتخانە

кухня

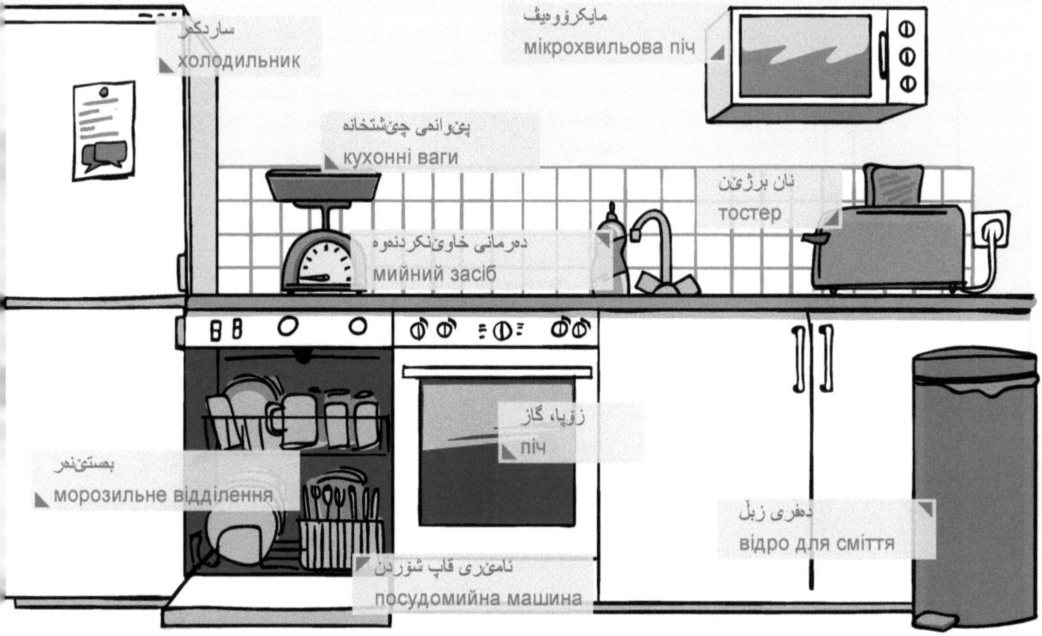
ساردکەر
холодильник
مایکرۆوەیڤ
мікрохвильова піч
پێوانەی چێشتخانە
кухонні ваги
نان برژێن
тостер
دەرمانی خاوێنکردنەوە
мийний засіб
زۆپا، گاز
піч
بەستێنەر
морозильне відділення
دەفری زبڵ
відро для сміття
ئامێری قاپ شۆردن
посудомийна машина

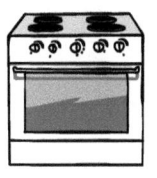

چێشتلێنەر

плита

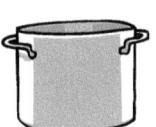

مەنجەڵ

горщик

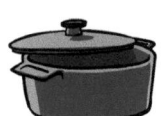

قاپی ئوتوو

чавунний горщик

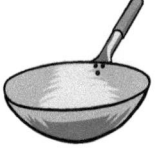

تاوەی قووڵ

вок / кадай

تاوە

сковорода

کتری، ئاوگەمکەر

чайник

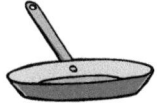

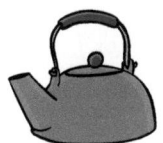

چۈشتلئنرى ھەلۈمى

пароварка

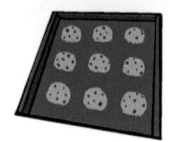

كەشمەفى نانكردن

лист

قاپ و قاچاغ

посуд

كۈپ

кухоль

قاپ

чаша

چىلكەى نانخواردن

палички для їжі

ئەسكوئ

черпак

كەوگير

лопатка

گەك

вінчик для збивання

سووزمە

сито

بېژىنگ

сито

ئامەئرى جنينى پەنير و سەوزه

терка

دەستار

ступка

برژاندن

барбекю

ناگر

багаття

تەختەی وردکردن

дошка

تیرۆک

качалка

بورغی فلین

штопор

قوتوو

конзерва

قوتوۆکەرەوە

відкривачка

دەسەری مەنجەڵ

прихватки

دەشۆر

раковина

فڵچە

щітка

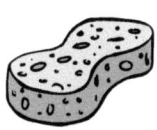

ئیسفەنج

губка

تێکەڵکەر

міксер

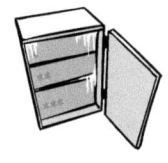

قەرسی

морозильна камера

شووشە شیر

дитяча пляшка

شوێری ناو

кран

زۆپا/گەرمكەر
опалення

دووشى ئاو، خورژم
душ

خاولى
рушник

پەردەى حەمام
душова завіса

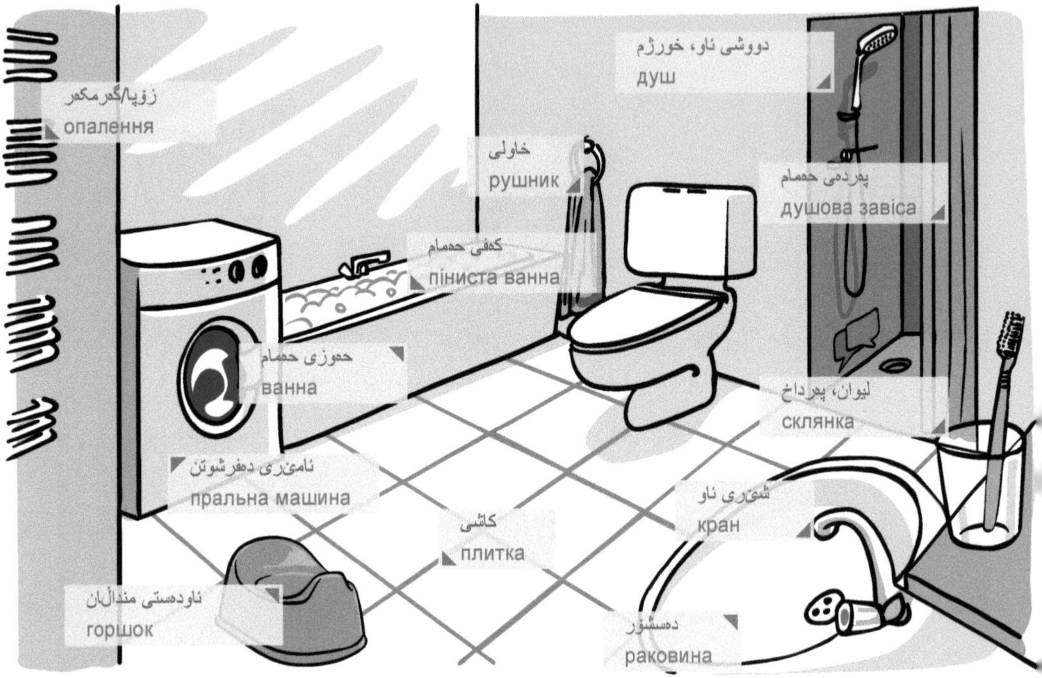

كەفى حەمام
піниста ванна

حەوزى حەمام
ванна

لیوان، پەرداخ
склянка

نامێرى دەفرشوتن
пральна машина

شۆرى ئاو
кран

كاشى
плитка

ناودەستى مندالّان
горшок

دەمشۆر
раковина

ناودەست، تواڵێت
туалет

تواڵێتى نزم، ناودەست
підлоговий туалет

جۆرێك تواڵێت
біде

تواڵێت، ناودەست
пісуар

كاغەزى ناودەستخانە
туалетний папір

فڵچەى ناودەستخانە
щітка для туалету

فڵچەی ددان

زубна щітка

خەمیری ددان

зубна паста

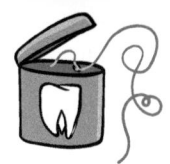

بەنی ددان

нитка для чищення зубів

شۆردن، شوتن

мити

خورژمی دەستی

ручний душ

دووش

інтимний душ

کاسەی دەستوچاوشوتن

таз

فڵچەی پشت

щітка для спини

سابوون

мило

جێڵی خۆشوتن

гель для душу

شامپۆ

шампунь

فلانێڵ

мочалка

ناومرۆ

водостік

کرێم

крем

بۆنخۆشکەره

дезодорант

ناوێنه
دزеркало

ناوێنهی دهستی
косметичне дзеркало

مهکینهی ریش تاشین
бритва

سابوونی ریش تاشین
піна для гоління

کریمی دوای ریش تاشین
лосьйон після гоління

شانه
гребінь

فلچه
щітка

سهیشوار، سهرنیشککهرهوه
фен

سپردی قژ
лак для волосся

سوور اوسپیاو
косметика

سوور او
губна помада

رهنگی نینۆک
лак для нігтів

لۆکه
вата

مهقهستی نینۆک
ножиці для нігтів

عهتر
парфум

كيسی حممام

косметичка

کورسی بێ پشت

табурет

پێوەر

ваги

خاولی حممام

халат

دەستەوانەی چەرم

гумові рукавички

تامپۆن

тампон

خاولی خاوێنکردنەوە

гігієнічні прокладки

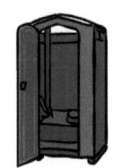

ناودەستی کیمیایی

біотуалет

ژووری منداڵ

дитяча кімната

سەعاتی زەنگدار
будильник
گەمەی شیرن
м'яка іграшка
ماشێنی یاری
іграшковий автомобіль
شەقشەقەی منداڵ
брязкальце
خانووی بووکەشووشە
ляльковий будиночок
دیاری
подарунок

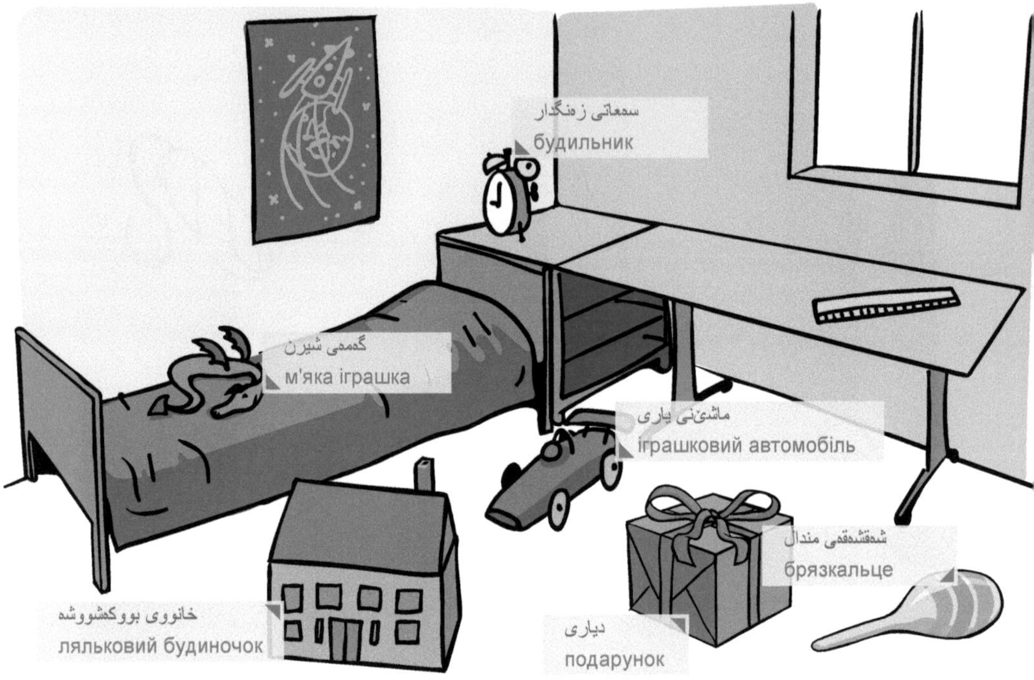

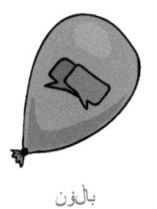

باڵۆن

повітряна кулька

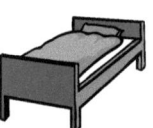

پێخەف، نوێن

ліжко

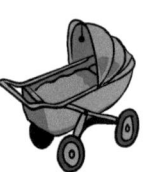

داشقەی منداڵ

дитячий візок

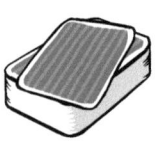

گەمەی کارت

картярська гра

مەتەڵ، مەتەڵۆک

пазл

SUPER
MEGA

کۆمێدی

комікс

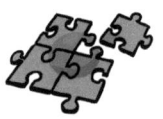

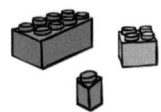

خشتی لێگۆ

لego цеглинки

خشتی یاری

блоки

بووكه شووشه

іграшкова фігурка

جلی مندالْ

повзунки

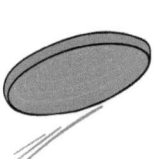

یاری فریزبی

фризбі

بزۆك، جوولْينراو

мобіле

یاری تەختە

настільна гра

تۆره

кубик

مۆدێلی شەمەندەفەر

модель залізнична станція

مەمكە مژه

соска

میوانی، جەژن

вечірка

كتێبی وێنەدار

книжка з картинками

تۆپ

м'яч

بووكەشووشە

лялька

كایە كردن، یاری كردن

грати

قۇرتى خىزوخۇل

پىسوچنىتسيا

جۇلانه

гойдалка

كايمى مندأللان، يارى مندأللان

іграшка

گەممى ۋىدىيۇيى

гральна консоль

سێچدرخه

триколісний велосипед

ورچى يارى

плюшевий мішка

كەنتۇر

шафа

ОДЯГ

گۇرموى

шкарпетки

گۇرموى درێژ

панчохи

گۇرموى درێژ

колготки

شال، ى مل
шарф

قايش، پشتۆن
ремінь

چهتر
парасоля

كراس
футболка

چمكمه، پۆتين
чоботи

پۆل،او
кросівки

پۆل،اوى مل
домашнє взуття

پاپوچ
сандалі

كهوش، پۆل،او
взуття

چمكمهى چهرم
гумові чоботи

پانتۆل،ى ژێرموه
труси

ستيان، سوخمه
бюстгальтер

جليسقه
нижня сорочка

جسته، لمش

боді

پانتوڵ

штани

پانتوڵ

джинси

دامەن، تەنووره

спідниця

کراس

блузка

کراس

сорочка

بلووز

пуловер

بلووز

светр

چاکەت

піджак

چاکەت

куртка

باڵتە

пальто

بارانی

дощовик

پۆشاکە

костюм

کراسی ژنانه

сукня

جلی زەماوەند

весільна сукня

چاکەت و پانتۆڵ

костюм

جلی خەو

нічна сорочка

جلی خەو

піжама

ساری

сарі

لەچکە

головна хустка

جەمەدانە، سەرپێچ

чалма

بۆرکا

бурка

کەفتان

кафтан

عەبا

абая

جل و بەرگی مەلەکردن

купальник

پانتۆڵی مەلە

плавки

پانتۆڵی کورت

шорти

جلوبەرگی راهێنان

тренувальний костюм

بەروانکە، بەرکوشە

фартух

دەستەوانە

рукавички

دوگمە
....
гудзик

چاویلکە
....
окуляри

بازنە
....
браслет

ملوانکە
....
ланцюг

نەنگوستیلە
....
кільце

گوارە
....
сережка

کڵاو
....
шапка

داری جل هەڵواسین
....
плічка

کڵاو
....
капелюх

بۆینباخ
....
краватка

زیپ
....
застібка-блискавка

کڵاوی پارێزەر
....
шолом

هەڵگر
....
підтяжки

جلی قوتابخانە
....
шкільна форма

یمکپۆش
....
уніформа

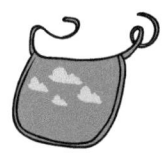

بەرلیکە، بەرکۆشی منداڵ
....
нагрудник

مەمکە مژە
....
соска

دایبی، پەڕۆشۆر
....
підгузок

نووسینگە، فەرمانگە

офіс

ڕاژە
сервер
دۆڵابی بەڵگە
шаф для документів
کاغەز
папір
چاپکەر
принтер
مۆنیتۆر، پیشانگەر
монітор
مێزی نووسین
письмовий стіл
ماوس
миша
بۆخچە
папка
تەختەکلیل
синтезатор
سەبەتەی کاغەز
кошик для паперу
کۆمپیوتەر
комп'ютер
کورسی
стілець

کۆپی قاوە
....
кавовий кухоль

ژمێرەر
....
калькулятор

ئینتەرنێت
....
інтернет

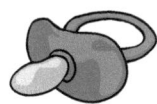

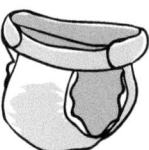

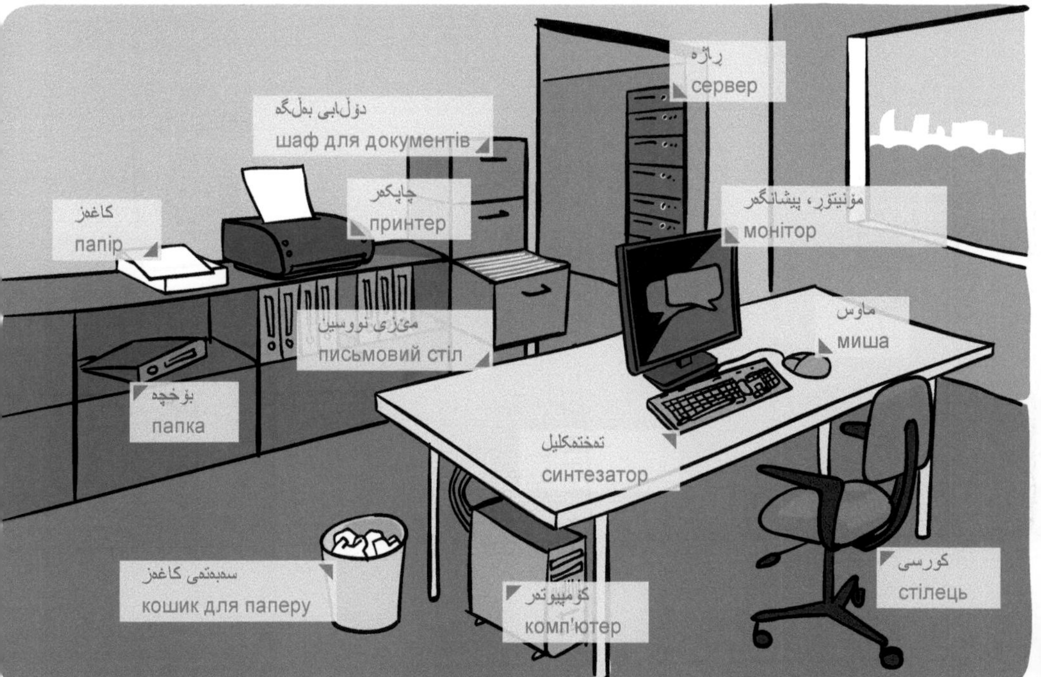

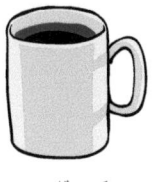

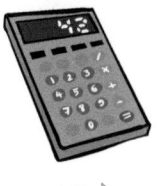

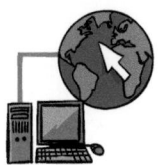

لەپتۆپ

ноутбук

نامە

лист

پەیام

повідомлення

موبایل، تەلەفۆنی دەست

мобільний телефон

تۆڕ

мережа

نامێزری لەبەرگرتنەوە، کۆپیکەر

копіювальний пристрій

نەرمەمکالا

програмне забезпечення

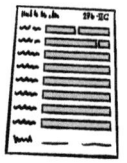

تەلەفۆن

телефон

ساکئتی دووشاخە

розетка

نامێزری فەکس

факс

فۆرم

бланк

بەڵگە

документ

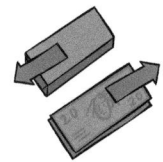

كرين

купувати

پارەدان

платити

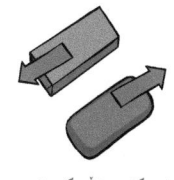

بازرگانى، ئالووگۆڕكردن

торгувати

پارە، دراو

гроші

دۆلار

долар

يۆرۆ

євро

يەن

ієна

ڕووبڵى ڕووسى

рубль

فرانكى سويسى

франк

يوان، يەكەى دراوى چينى

юанів женьміньбі

ڕووپييە

рупія

مەكينەى پارە

банкомат

وەرگێرینەوەی گۆڕینگەی نووسین

обмінний пункт

زێڕ

золото

زیو

срібло

نەوت

нафта

وزە

енергія

خەرج، بەها

ціна

نامەتنتۆمکوئری

контракт

باج

податок

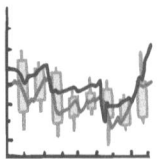

سەهام

акція

کارکردن

працювати

کارمەند، کارکەر

працівник

خاوەنکار

роботодавець

کارخانە

фабрика

دووکان

магазин

ئیشەکان
професії

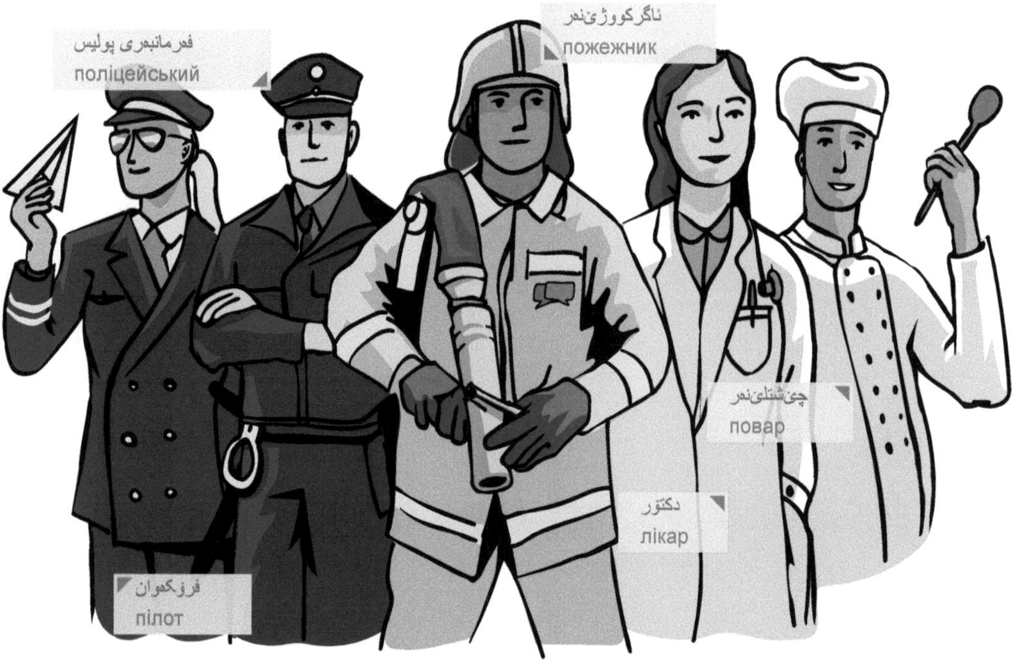
فەرمانبەری پۆلیس
поліцейський
ئاگرکووژێنەر
пожежник
چێشتلێنەر
повар
دکتۆر
лікар
فڕۆکەوان
пілот

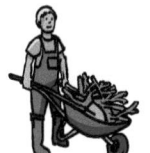

باخەوان
садівник

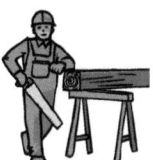

دارتاش، مەرەنگوێز
столяр

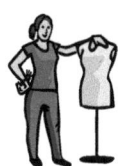

خەییات
швачка

دادوەر
суддя

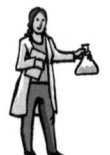

کیمیازان
хімік

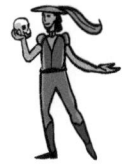

شانۆگەر، شانۆکار
актор

شۆفێری پاس

водій автобуса

شۆفێر تاکسی

таксист

ماسیگر

рибалка

کلٚفەت

прибиральниця

وەستای سەربان

покрівельник

خزمەتکار

офіціант

ڕاوچی

мисливець

بۆیاخچی

художник

نانکەر

пекар

کارەباچی

електрик

بەننا

будівельник

ئەندازیار

інженер

قەساب

забійник

وەستای بۆری

бляхар

پۆستەچی

листоноша

نیشمەکان - професії

سەرباز

солдат

نەخشەکێش

архітектор

ژمێریار، خەزەنەدار

касир

گۆڵفرۆش

флорист

ئارایشگەر

перукар

گێرەنەر

кондуктор

میکانیک

механік

کەشتیوان

капітан

ددانساز، دۆکتۆری ددان

дантист

زانا

вчений

مەڵای جوولەکان

рабин

ئیمام

імам

کەسی ئایینی

монах

قەشە

пастор

ئامراز و کەرەستە

інструменти

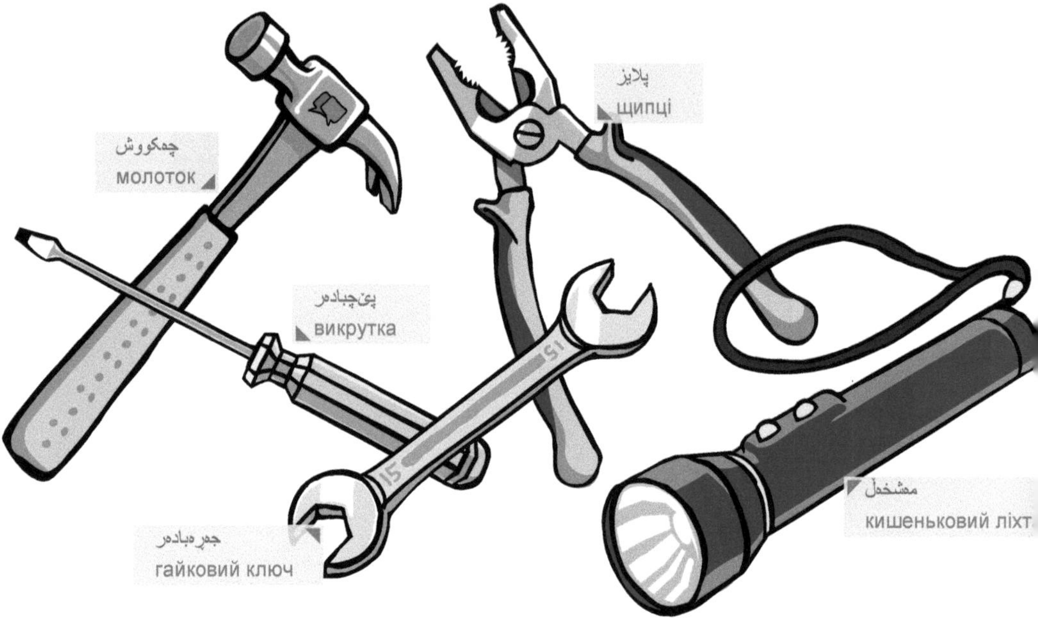

چەکووش
молоток
پلایز
щипці
پێچبادەر
викрутка
جەرەبادەر
гайковий ключ
مەشخەڵ
кишеньковий ліхт

شۆفڵ

екскаватор

سندووقی ئامراز

ящик для інструментів

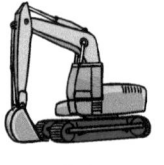

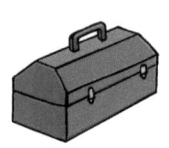

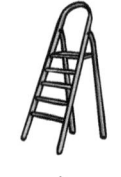

پەیژە

драбина

مشار

пилка

بزمارەکان

цвяхи

کونکەرە

свердло

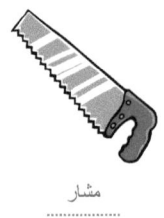

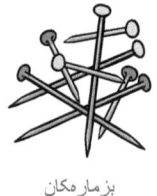

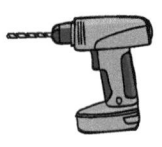

چاککردنەوە

ремонтувати

پێمەڕە

лопата

نەفرەت!

лайно!

خاکەناز

совок

قەتووی بۆیاخ

відро з фарбою

پێچمکان، جەرەمکان

гвинти

ئامێرەکانی مووزیک

музичні інструменти

قسمکەر، بلّندگۆ
динамік

تاقمی تەپڵ
ударна установка

گیتار
гітара

جۆری گیتار
контрабас

زوڕنا
труба

پیانۆ

فورتەپیانو

کەمانچە

скрипка

گیتار

бас

دەهۆڵ

литаври

تەپڵ

барабан

تەختەکلیل

клавіатура

ساکسافۆن

саксофон

فلووت، شمشاڵ

флейта

مایکرۆفۆن

мікрофон

باخچەی ئاژەڵان

зоопарк

پڵینگ
тигр
ئاڤدەر، دەروازە
вхід
قەفەز
клітка
کەرمکێوی
зебра
خواردنی ئاژەڵان
корм
ورچی پاندا
панда

ئاژەڵەکان

тварини

فیل

слон

کانگۆرۆ

кенгуру

کەرکەدەن

носоріг

گۆریلا

горила

ورچ

ведмідь

وشتر

верблюд

وشترمريشک

страус

شیر

лев

ميمون

мавпа

فلامينگو

фламінго

طوطی

папуга

ورچی جخمسهری

білий ведмідь

پئنگوین

пінгвін

قرش، سهگماسی

акула

تاووس

павич

مار

змія

تيمساح

крокодил

پاریزمری باخچمی ناژهلان

працівник зоопарку

سهگی دهریایی

тюлень

پلٙینگ

ягуар

ئەسپى قىزدەم

поні

پىشىلەى پلەينگى

леопард

ئەسپى ناوى

гіпопотам

زىرافە

жираф

ھەلۇ

орел

بەرازى كەيوى

кабан

ماسى

риба

كىسەل

черепаха

والىراس، ئاژدەئىكى دەريايى

морж

رەيوى

лисиця

ناسك

газель

спорт

تۆپی‌پێی ئەمریکی
американський футбол

دووچەرخەی‌خورین
їзда на велосипеді

تێنیس
теніс

تۆپی باسکە
баскетбол

مەلەکردن
плавання

بۆکسین
бокс

هۆکی سەر سەهۆڵ
хокей

فووتبۆڵ
футбол

بەدمینتۆن
бадмінтон

وەرزشوان
легка атлетика

هەندباڵ
гандбол

خلیسکەین
лижні перегони

پۆلۆ
поло

پێکەنین
сміятися

بازکردن
стрибати

لهباوهشگرتن، لهئامێزگرتن
обіймати

بەرەیدارۆیشتن، پیاسەکردن
йти

گۆرانی خوێندن
співати

خەون دیتن، خەون بینین
мріяти

پارانەوە، نوێژکردن
молитися

ماچکردن
цілувати

نووسین
....
писати

وێنەکێشان
....
малювати

نیشاندان
....
показувати

پاڵ پێوەنان
....
тиснути

دان
....
давати

هەڵگرتن
....
брати

همبوون

мати

کردن

робити

بوون

бути

ڕاوەستان

стояти

هەڵاتن

бігати

کێشان

тягнути

هاویشتن

кидати

کەوتن

падати

درێژکردن

лежати

چاوەڕێبوون

очікувати

هەڵگرتن

носити

دانیشتن

сидіти

جل لەبەرکردن

одягати

خەوتن

спати

لەخەوهەستان

просипатися

چاولئ‌كردن

дивитися

گریان

плакати

جمأتملئ‌دان

гладити

قژداهئنان، شانەمكردن

розчісувати

قسەمكردن

розмовляти

تئنگئیشتن

розуміти

پرسیارکردن، پرسین

питати

گوئراگرتن

слухати

خواردنەوه

пити

خواردن

їсти

رئنكوپئنگ کردن

прибирати

خۆشویستن

любити

جۆش لئنان

варити

شۆفئرییکردن

їхати

فرین

літати

کەشتیوانی

йти під вітрилом

حسابکردن، ژماردن

рахувати

خوێندنەوە

читати

فێربوون

вчитися

کارکردن

працювати

زەماوەندکردن

одружуватися

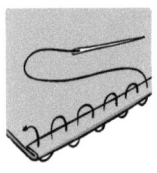

دورین، دوورومانکردن

шити

فڵچە لەددان دان

чистити зуби

کوشتن

убивати

جگەرەکێشان

курити

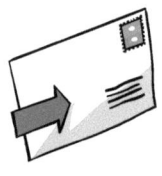

ناردن

посилати

دایمه‌ گوره
бабуся

پاوم‌ گوره
дідуся

پلار، باب
батько

دایک
мати

مندالی ساوا
немовля

کچ
донька

کور
син

میوان

гість

پوور

тітка

مام، خال

дядько

برا

брат

خوشک

сестра

тіло

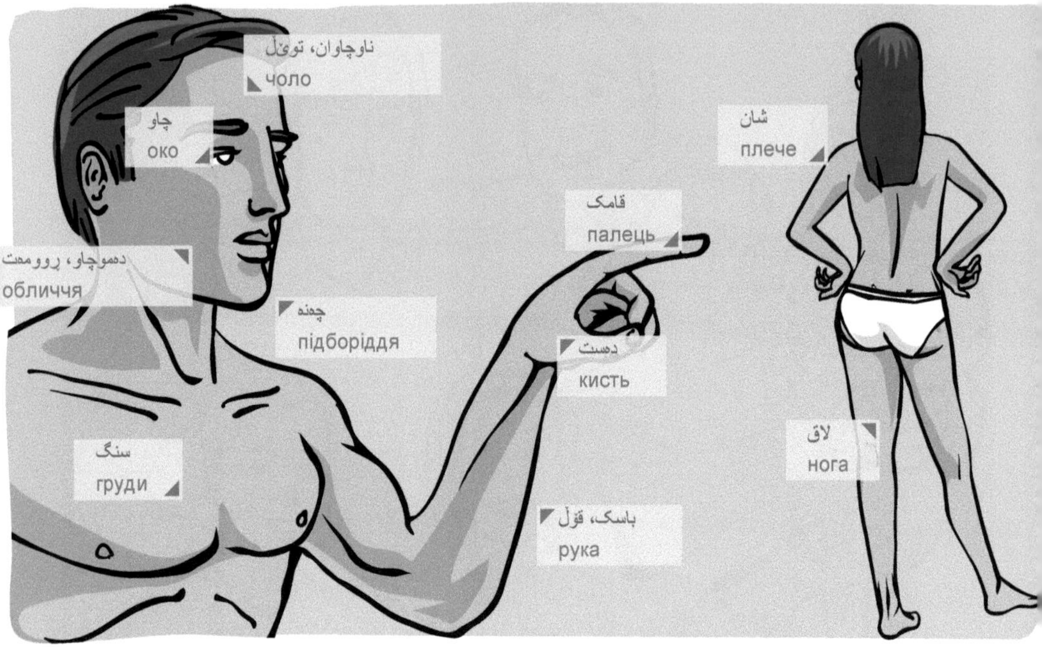

ناوچاوان، تووڵ
чоло

چاو
око

شان
плече

قامك
палець

دەموچاو، رووومەت
обличчя

چەنە
підборіддя

دەست
кисть

سنگ
груди

لاق
нога

باسك، قۆڵ
рука

منداڵی ساوا
....
немовля

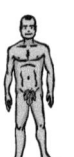

پیاو
....
чоловік

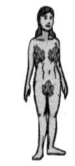

ژن
....
жінка

كچ
....
дівчина

كوڕ
....
хлопчик

سەر
....
голова

پِښت

спина

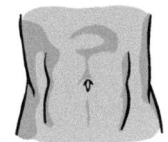

ز‌ګ

живіт

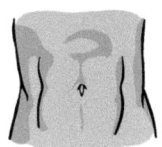

ناوک

пуп

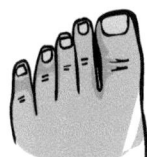

قامكى پښ

палець ноги

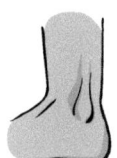

پاڑ‌‌نهى پښ

п'ята

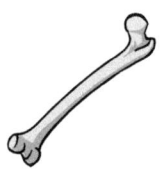

ئێسقان، ئێسك

кістка

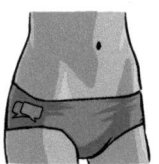

سمت

стегно

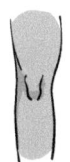

ئۆژ‌نۆ

коліно

نانيشك

лікоть

لووت

ніс

قوون

сідниці

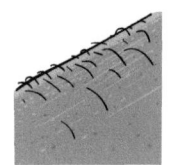

پێست

шкіра

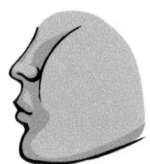

گپ

щока

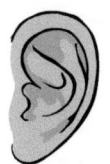

گوێ

вухо

لێو

губа

جسته، لـش - tіло

دهم، زار

рот

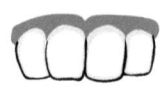

ددان

зуб

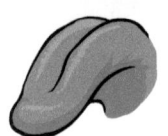

زمان

язик

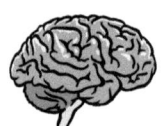

مێشک

мозок

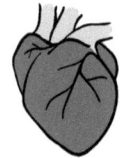

دل

серце

ماسوولکه

м'яз

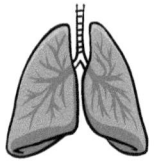

سیپەلاک، سی

легені

جەرگ

печінка

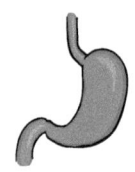

گەدە

шлунок

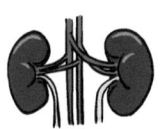

گورچیله

нирки

سێکس

статевий акт

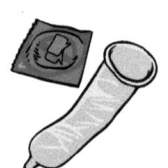

کۆندۆم

презерватив

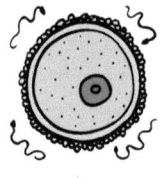

توو، هێلکە

яйцеклітина

تۆو

сперма

دووگیانی

вагітність

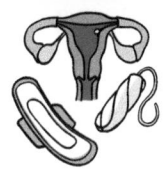

كدوتنه سهر خوێن

менструація

زێ

вагіна

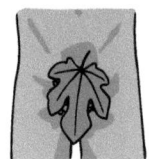

كێر

пеніс

برۆ

брова

قژ

волосся

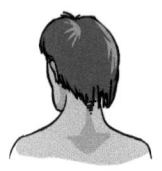

مل

шия

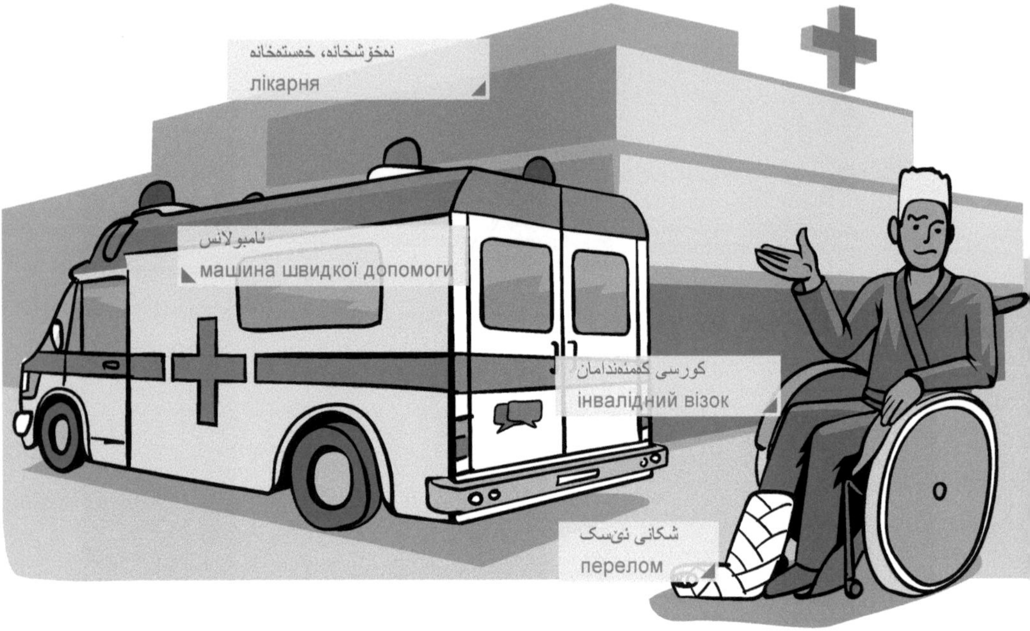

نەخۆشخانە، خەستەخانە
лікарня

ئامبولانس
машина швидкої допомоги

کورسی کەمئەندامان
інвалідний візок

شکانی ئێسک
перелом

دکتۆر
лікар

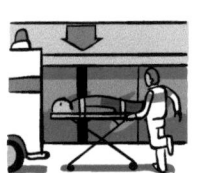

ژووری فریاکەوتن
відділення швидкої медичної допомоги

نەخۆشوان
медсестра

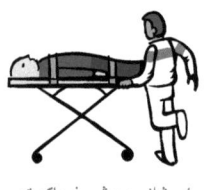

نورژانس، بەشی فریاکەوتن
аварійний випадок

بێهۆش
непритомний

ژان، ئێش
біль

برينداری

травма

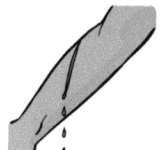

خوێنڕێژی

кровотеча

جەڵتەی دڵ

інфаркт

جەڵتە

інсульт

ئالێرژی، هەستیاری

алергія

کۆخە

кашель

تا

лихоманка

ئەنفلۆنزا

грип

زگچوون

пронос

سەرئێشە، ژانەسەر

головна біль

سەرەتان

рак

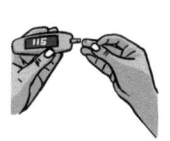

شەکرە

діабет

نەشتەرگەر

хірург

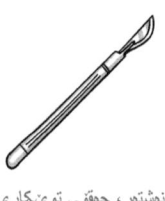

نەشتەر، چەقۆی تیۆنکاری

скальпель

نەشتەرگەری

операція

CT

КТ

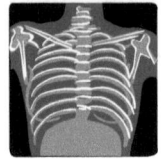

تیشکی ئێن‌کس

рентген

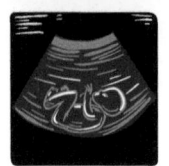

ئۆڵتراساوند

ультразвук

ماسکی ڕووممعت

маска

نمخۆشی

хвороба

ژووری چاوەڕێبوون

зал очікування

گۆچان

милиця

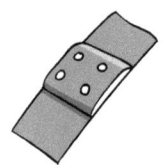

مشمما

пластир

برین پێچ

пов'язка

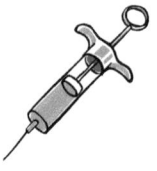

دەرزی لێدان

ін'єкція

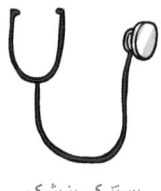

بیستۆکی پزیشک

стетоскоп

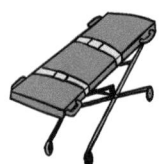

داربەست

ноші

گەرمایپێوی کلینیکی

термометр

لەدایکبوون

народження

زیادمکێش/قەڵەوبیی

надмірна вага

بيستۆک

слуховий апарат

میکرۆبکوژ

дезінфікуючий засіб

چڵک

інфекція

ویروس

вірус

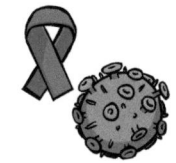

ئەیدز

ВІЛ / СНІД

دەرمان

медицина

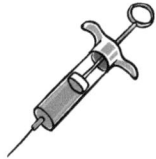

کوتان

вакцинація

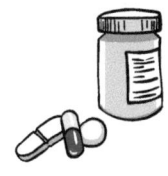

حەب

таблетки

حەب

протизаплідна пігулка

تەلەفۆنی فریاکەوتن

екстрений виклик

پێشانگەری پەستانی خوێن

тонометр

نەخۆش / سڵامەت

хворий / здоровий

ناگاداركردنەوە، ئەلارم

сигнал тривоги

دەستدرێژی

напад

يارمەتى!

Допоможіть!

هێرشکردن

атака

مەترسی

небезпека

چوونەدەرەوەی ئورژانس

аварійний вихід

ناگر!

Вогонь!

ناگرکوژێنەوە

вогнесник

رووداو، پێشهات

аварія

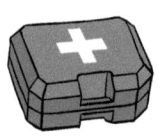

قوتووی یارمەتی فریاکەوتن

аптечка

SOS

СОС

پۆلیس

поліція

ئەورۆپا

Європа

ئەمریكای باكوور

Північна Америка

ئەمریكاری باشوور

Південна Америка

ئافریقا

Африка

ئاسیا

Азія

ئوسترالیا

Австралія

ئەتلأسسی، نۆقیانووسی ئەتلأسسی

Атлантика

زەریای هێمن

Тихий океан

نۆقیانووسی هیندی

Індійський океан

نۆقیانووسی جەمسەری باشوور

Антарктичний океан

نۆقیانووسی جەمسەری باكوور

Північний Льодовитий океан

جەمسەری باكوور

Північний полюс

جەمسەرى باشوور

Південний полюс

ناوچمى جەممسەرى باشوور

Антарктика

نەرز، زموى

Земля

خاک، وشکانى

суша

دەریا، زەریا

море

دوورگە

острів

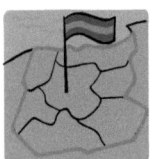

گەل، نەتەوە

нація

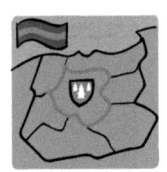

وڵات، پارێزگا، دەوڵەت

держава

روخساری کاتژمێر

циферблат

نیشاندەری کاتژمێر

годинникова стрілка

نیشاندەری خولەک

хвилинна стрілка

دەستی دوو

секундна стрілка

کاتژمێر چەندە؟، سەعات چەندە؟

Котра година?

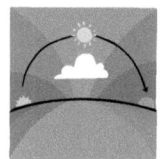

ڕۆژ

день

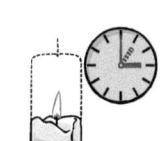

کات، زەمان

час

ئێستا، هەنووکە

зараз

کاتژمێری دیجیتاڵی

цифровий годинник

خولەک

хвилина

کاتژمێر

година

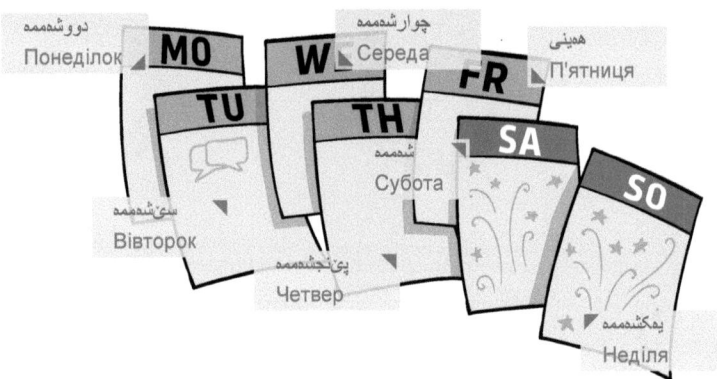

دوینێ

вчора

ئەمرۆ، ئەوڕۆ

сьогодні

سبەینێ

завтра

بەیانی

ранок

نیوەڕۆ

опівдні

ئێواره

вечір

ڕۆژی کار

робочі дні

کۆتایی هەفتە

кінець робочого тижня

рік

باران
дощ
کۆلکەزێڕینە
веселка
بازکردن
вітер
بەفر
сніг
بەهار
весна
پاییز
осінь
هاوین
літо
زستان
зима

4.APRIL 11°
5.APRIL 4°
6.APRIL 13°
7.APRIL 8°
8.APRIL 10°

پێشبینی هەوا

прогноз погоди

F
C
120
90
60
30
0
-30
40
30
20
10
0
-10
-20

گەرماپێو

термометр

خۆرەتاو

сонячне світло

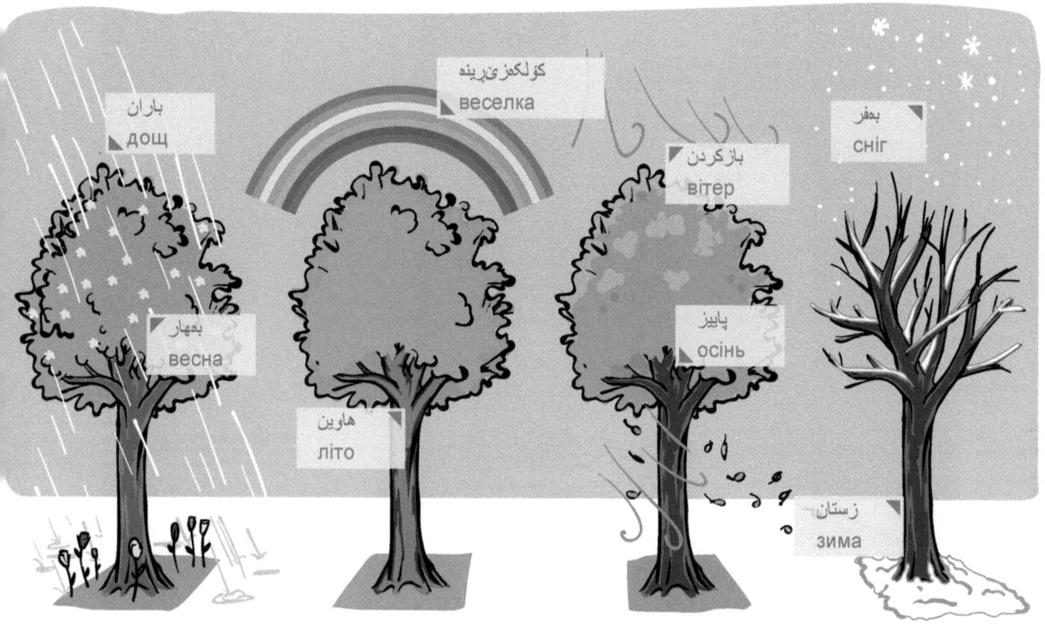

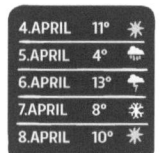

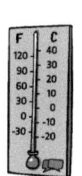

هەور

хмара

تەمومژ

туман

تەڕایی

вологість повітря

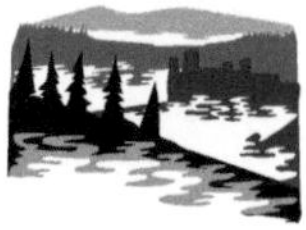

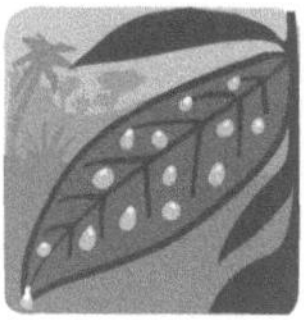

هەورەتریشقە، بروسکە

блискавка

هەورەگمەمە

грім

باوبۆران، تۆفان

шторм

تەرزە

град

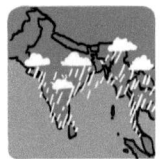

مانسوون

мусон

لافاو

повінь

سەهۆڵ

лід

جانیوەری

Січень

فێبریوەری

Лютий

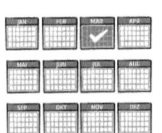

مارچ

Березень

نەپریل

Квітень

مەی

Травень

جوون

Червень

جوولای

Липень

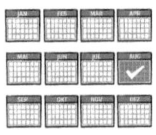

ئۆگۆست

Серпень

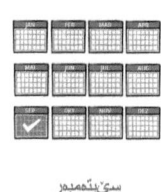

سێپتێمبەر
....
Вересень

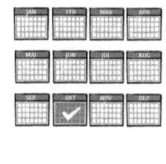

ئۆکتۆبەر
....
Жовтень

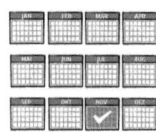

نۆڤەمبەر
....
Листопад

دێسەمبەر
....
Грудень

بازنە
....
круг

چوارگۆشە
....
квадрат

چوارگۆشەی درێژ
....
прямокутник

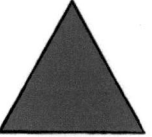

سێگۆشە
....
трикутник

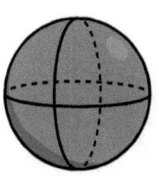

تۆپ، گۆ
....
куля

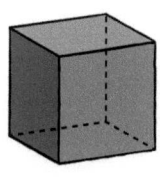

خشتەک
....
куб

سپی

بیلی

زەرد

жовтий

پرتەقاڵیی

помаранчевий

پەمەیی

рожевий

سوور

червоний

بەنەوش

фіолетовий

شین

синій

سەوز

зелений

قاوەیی

коричневий

بۆر

сірий

رەش

чорний

زۆر / کەم

багато / мало

توورە / لەسەرەخۆ

лютий / мирний

جوان / ناجوز

гарний / бридкий

سەرەتا / کۆتایی

початок / кінець

گەورە / چکۆڵە

великий / малий

رووناک / تاریک

світлий / темний

برا / خوشک

брат / сестра

خاوێن / چڵکن

чистий / брудний

تەواو / ناتەواو

завершений /
незавершений

رۆژ / شەو

день / ніч

مردوو / زیندوو

мертвий / живий

پان / تەنگ

широкий / вузький

خۆش / ناخۆش

їстівний / неїстівний

نمگریس / بەجەزمیی

злий / дружній

وروژاو / بێزار

збуджений / нудьгуючий

قەڵەو / لاواز

товстий / тонкий

یەکەم / ناخر

спочатку / востаннє

دۆست / دوژمن

друг / ворог

پر / خاڵی

повний / порожній

ڕەق / نەرم

жорсткий / м'який

قورس / سووک

важкий / легкий

برسی / توونی

голод / спрага

نەخۆش / سڵامەت

хворий / здоровий

نایاسایی / یاسایی

незаконний / законний

زیرەک / گەمژە

розумний / дурний

چەپ / ڕاست

вліво / вправо

نزیک / دوور

поруч / далеко

نوێ / کۆن، بەکارهاتوو

новий / використаний

هیچ شتێک / شتێک

нічого / щось

پیر / لاو

старий / молодий

هەڵکراو / کوژاوه

вкл / викл

کراوه / داخراو

відкрито / закрито

بێدەنگ / دەنگی بەرز

тихо / гучно

دەوڵەمەند / هەژار

багатий / бідний

راست / هەڵه

правильно / неправильно

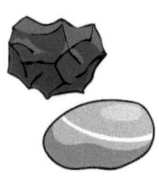

زبر / ساف

шорсткий / гладкий

خەمین / خۆشحاڵ

сумний / щасливий

کورت / درێژ

короткий / довгий

هێواش / خێرا

повільно / швидко

تەڕ / وشک

вологий / сухий

گەرم / فێنک

гарячий / холодний

شەڕ / ئاشتی

війна / мир

0

سیفر

нуль

1

یەک

один

2

دوو

два

3

سێ

три

4

چوار

чотири

5

پێنج

п'ять

6

شەش

шість

7

حەوت

сім

8

هەشت

вісім

9

نۆ

дев'ять

10

دە

десять

11

یازدە

одинадцять

12
دوازده

دдванадцять

13
سیزده

тринадцять

14
چهارده

чотирнадцять

15
پازده، پانزه

п'ятнадцять

16
شازده

шістнадцять

17
حفده

сімнадцять

18
هژده

вісімнадцять

19
نۆزده

дев'ятнадцять

20
بیست

двадцять

100
سد

сто

1.000
هزار

тисяча

1.000.000
میلیۆن

мільйон

نينگليزى

англійська

نينگليزى نممريكى

американська англійська

چينى ماندارين

китайська
високочиновницька

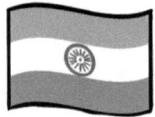

هيندى

хінді

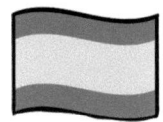

نيسپانى

іспанська

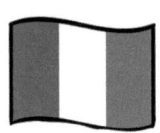

فهرهنسى

французька

عهرهبى

арабська

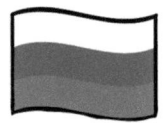

رووسى

російська

پۆرتوگالى

португальська

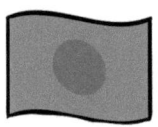

بهنگالى

бенгальська

ئاڵمانى

німецька

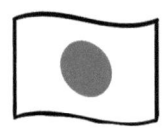

ژاپۆنى

японська

من

я

تۆ

ти

ئەو

він / вона / воно

ئێمه

ми

ئێوه

ви

ئەوان

вони

کێ؟

хто?

چی؟

що?

چۆن؟

як?

لەکوێ؟

де?

کەنگێ؟ کەی؟

коли?

ناو

ім'я

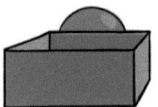

لەپشت

ззаду

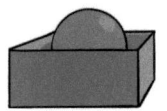

لە

в

لەپێش

перед

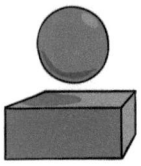

سەرێ

над

لەسەر

на

ژێر

під

لە تەنیشت

біля

لەنێوان

між

شوێن، جێ

місце